美容中毒

小田切ヒロ

CONTENTS

CONTENTS

CONTENTS

はじめに

この本を手にとって下さった皆様とのご縁に、心から感謝申し上げます。

僕はどの現場であろうとも、一定のコンディションで、全力で挑んでいます。なぜならそれが僕の生き甲斐だから。そんな想いで臨む現場はいつだって熱意に溢れている。この本を担当して下さった幻冬舎の黒川さんは僕に会うと凄く元気になると言ってくださり、それがキッカケで僕がいつも話していることをそのまま本にしたい！　と、今回のお話をいただきました。

メンタルを鍛え上げることが美に精通するのか。キレイの自信が持てないとき、女はどう方向転換するのか。綺麗に美しくメイクしただけで果たして美人と言えるのか。メイク法だけでは到底届かない本物の洗練とは何か。美の土台とは一体何なのか。この世知辛い世の中を颯爽と生き抜く女とはいったいどういう人なのか……。

女性の美について僕なりに分析した結果、行き着いた答え＝〝美徳〟を、一言一句愛を込めて綴っています。

他人の目が気になったり、美しさに迷ったり、自信が持てないとき、この本が少しでも綺麗の道標《みちしるべ》になりますように。

微量の美毒とエナジェティックな愛の鞭で、読後の高揚感にaddictしていただけたらと願いを込めて……。

いつだって、
時代を動かすのは女性。

女性はいつだって時代を動かしている。とくにメイクは、そんなエネルギーに満ち溢れていると思う。実際、細眉のアムラー風メイクといい、つけまつ毛にカラコンのギャルメイクといい、過去には一大社会的現象を巻き起こしていたわけで。

つまり、毎日何気なくしているメイクでも、一人一人が社会に影響を与えるパワーを持っているということ。自分だけの問題じゃない。鏡の前から、壮大な景色が広がっている。

トレンドという流れに身を任せる余裕や、自分を変えてみる勇気は、どんなときも大切なこと。そして、この軽やかさこそが、今もっとも必要とされている時代のニーズ。レベルの高い女性には、時代を感じる風が吹いている。

人は人、自分は自分。
幸せの形は色々。

人には色々な幸せの形がある。でも、今の世の中は、SNSやメディアにあたかも〝幸せの極み〟のようなものが溢れていて、みんなが同じ方向を向いてしまいがち。自分だけの幸せの追求を忘れてしまっている。

自分は本当はどんな人間なのか。どんな毎日を手にしたいのか。この2つを考えながら行動していくことが、目先だけではなくて、もっと先の大きな幸せを作っていくのだと思う。人ではなく、自分の心の声に従って。五感をフルに使いながら、魂の根付いた暮らしにシフトチェンジできたら、他人の様子なんてまったく気にならなくなるよ。

僕は30代にしてやっと、心からの幸せを感じることができた。幸せの価値観は自分自身で決めるもの。その内容がよくわからないままじゃ、幸せも不幸せもない。幸せの管理くらい自分でしてって感じ。他人基準な幸せのぬるま湯にぼーっと浸かってる人は、たぶん一生、幸せを実感できない。

メイクを頑張らない日。

仕事の顔、友達の顔、母の顔。厳しいことを言うようだけど、自分に似合うメイクの引き出しは多い方がいいし、見つけ出すのは女性としての義務だとも思う。美貌を保つことは体力作りにもよく似ていて、刻々と近づく老いのサインに対しては、基礎体力をつけて応じなければならない。そのためにメイクのスキルを磨くことが必要。じゃなきゃ、ただのオバさんの道を歩むだけ。

だけど、メイクを頑張らない日があってももちろんいい。いつものフルメイクの鎧が幸せを撥《は》ね返してしまっているかもしれない。何より、力の抜けた雰囲気は、案外アンニュイで素敵に映ったりもして。

メイクを楽しむ余裕とのコントラスト。その心意気が、人生を心地よく軽やかにしてくれる。

女性偏差値はいくつ？

高収入、高学歴、高身長。男性に理想をいつまで追い求めるのかしら。こういう人ってまだいるし、誰か紹介して、とも言われるけれど、とんでもない時代の化石。そんな人が仮に条件を満たす男性と出会って結婚したとしても、幸せになれるわけではなく、素敵に美しく年齢を重ねられる保証もない。そもそも、出会うことがゴールなわけじゃない。

もっと大切なことがあるって知ってるでしょう?

まずは自分自身の質を高めること。出会ったあと、パートナーと共にどのように生きていくのかを考え抜くこと。女性としての偏差値をコツコツと上げれば、黙っていても向こうからあなたに見合った男性がやって来るわ。

失いがちな清潔感。

年齢を重ねるとともに、悲しくも失われてくる清潔感。抜け感や空気感は、清潔感が第一にあってこそ叶う雰囲気なわけで、そこをフォローしながらメイクやお洒落をするのは、もはや大人のエチケット。

ただ、いくら成熟した女性であっても、あらゆる細部に清潔感を反映させるのは至難の技。まずは1カ所、際立つポイントを持ってみることから始めるだけでいい。毛先まで綺麗な艶やかな髪。潤いに満ちた柔らかで触りたくなる肌。ほのかで爽やかな香り。ピンッとシワのない服。どこかに纏《まと》えば、それが正解。

あまりにもパーフェクトな完成度は、逆に色気を失いかねないもの。こだわり過ぎると、クリーンさからくる透明感が消えてしまう。清潔感はほどほどに。何だって、度を超えると不自然よ。

シンプルと地味の境界線。

シンプルとは、何もしないことではなく、究極の洗練を身につけること。肌も心もファッションも、トータルで、シンプルを纏えたらかなりの上級者。

一方、似ているようで対極なのが、地味。他人からの目線を気にしない〝怠け〟によるもので、可もなく不可もなくただ収まりがいいだけ。そんな手抜きな状態に染まると、なかなか抜け出せなくなるし、華からはどんどん遠ざかって心の澱《よど》みまで発生させてしまう。まずは最低1カ所だけでも、ドラスティックを意識してみるといいんじゃないかな。

見た目は小綺麗でもなんだか垢抜けない印象の人。実は、地味と言う名の魔物に支配されているのかもしれない。

泣ける体質。

充実した日々を生きるために、一定のコンディションを保つ努力は大人には必要。僕は、1日の中でちょっとした気分転換を何度もしていて、深く正しい呼吸と、浸透力が高い良質な水をこまめに飲むこと、そして、香りで心を癒したり脳裏を鮮烈に刺激することをルーティンとしている。

さらには、泣ける体質になることも意識している。年齢を重ねると、無感情になって何事にも動じなくなったりする人もいるけれど、マインドはみずみずしくいたいもの。毎日仕事をしていたら、泣く暇なんてない？　いいえ、だからこそ、休みの日くらいは映画を見たり、小説を読んだりして、心を震わせるの。

日本人は我慢強く涙を見せないことが美徳として育てられてきたから、泣くなんて心が弱いと思う人もいるかもしれない。だけど、映画や小説から他人の人生に思いを馳せて流す感動の涙は、とても美しいと思う。そうやって過ごす休日は、自律神経を整える効果もあり、日常の精神を安定させるセラピー効果もあるはずよ。

美しい姿勢という魔法。

美人の共通点、それは姿勢。どんなときも美しい姿勢であれば、パッと見ただけでも好印象だし、華やかな気品まで手に入る。人って意外と見てるから。ピンッと背筋や首筋が伸びた凛々《りり》しい人には、熱い視線が注がれている。

そもそも、人前での正しい姿勢は当たり前。家の中や誰も見ていないところでも、背筋を伸ばす。誰もいないからどうでもいい、なんていうその曲がった安心感がブスにする。

そして、姿勢が正されると素晴らしいメリットがあることはご存知？　全身の筋肉がバランスよく刺激されて、自然にスマートな体つきになっていくし、骨盤が正常な形で維持されるから、月経痛や排卵痛など女性特有の痛みが軽減されるとか。免疫力が向上することもあって、丈夫なカラダ作りにもひと役。

見た目の美しさはもちろん、健康面にも磨きがかかってしまう、姿勢という魔法。今すぐ意識し始めるべき。

抜け感と、ただの間抜け感と。

〝抜け感〟というワードは、凛としていながら、力が抜けている人だけに相応しい。ただ抜けているだけの〝間抜け感〟とは明らかに違う。つまりその軸には、ブレない芯の通った強さがあるということ。

最近は、メイクにおいても〝抜け感〟が主流だけれど、きちんとしたベーシックが確立されていてこそ、バランス良く崩すことが可能なんだとつくづく思う。たとえばアイシャドウは、今や誰もが指で簡単に乗せたりするけれど、チップ1本でグラデーションを作るような基本を叩き込んだ上でそんなラフな塗り方を楽しむ方が、断然、塩梅《あんばい》がいい。洋服を着崩すときだって、何も考えずに崩しただけじゃ、だらしがない印象。ちゃんと狙って崩すことができるのは、ごく一部のファッショニスタだけでしょ。

揺るぎないベーシックがあるから崩せるという、いつの時代も変わらない事実。筋を1本通すから、大きく羽ばたいていけるの。

年齢を重ねるほどに
潔くシンプルに。

年齢を重ねても、いつもごくナチュラルな印象で、どうしようもなく惹きつけられる人がいる。濁りのない透けた肌に、血色のある唇。清潔感がふわりと漂う香り。何かに縛られることのない素顔には微量の努力が宿り、その人をさらに魅力的に輝かせる。

隠したいところがだんだんと増え、ファンデーションやコンシーラーをつい重ねてしまい、メイクの工程がつい増えていく。これが大人メイクの現状。でもそれでは厚化粧になるだけだし、綺麗なところまでカバーする必要はないの。そもそも、隠しきった！　なんていう安心感はいらない。

エイジングサインが出てくる程に、メイクは潔くシンプルにするべき。盛る発想は、もう潔く捨てていい。

顔に透けた魂は、
本能的に見抜かれている。

魅力が記憶に刻まれる。

ファーストステップは、出会い頭、ほんの一瞬の雰囲気。そのインスピレーションは、信じるに値する。だって、人の顔には、魂が透けて見えているから。メイクで隠そうとしたって、相手はちゃんと察知していて、すべてお見通しなの。

誰にだって、秘密にしたい過去はある。けれど、もう起きてしまったのだから仕方がない。その生き様があなたの姿や魂を育てたの。過去は過去で受け入れて、隠さずに、心をもっと解放して。そうすれば今より、もっと自然な笑顔を宿らせることができるし、軽やかに自由になれるはず。

さらけ出す勇気をまずは持って。今からでも遅くはない。人って案外、そんな素直な心を受け入れてくれるもの。初対面でもね。

表面的な美しさを
ただ追い求めることは執着。

本物の綺麗は、この世に授けられたあるがままの素材に、老いと共に上手く寄り添い合うことで叶う。時計の針を止めることじゃ決してない。

美しくなりたいという執着には、実は微量の邪念が含まれている。その邪念が気づかないうちに募って、いつの頃からか意地悪そうな雰囲気を醸し出すの。しかも、大きく育つと不穏な雰囲気が漂ってコントロールが不能になる。綺麗を求める意識は素晴らしいけれど、そのがむしゃらな美への貪欲さこそが醜い状態であるとは、誰も教えてはくれない。

邪念を取り除くためには、〝綺麗を捨てる〟そんな時期を作るといいと思う。人生の中で一度でも、なりふり構わず仕事や趣味などに夢中になり、何かを成し遂げていく過程があってこそ、人としての真の美しさを引き出す事ができる。そこには計り知れない本物の美学がある。

綺麗になることだけをひたすら追求する人生は、ただの薄っぺらい人を作り上げるから要注意よ。

マンネリに支配されたら終わり。

毎日のビューティケアの中で、お決まりのルーティンは確かに大切だけど、季節ごとにそれを更新していくという意識はもっと大切。本当は、1年は春夏秋冬の4分割ではなく365日分割。1日1日は当然異なり、温度や湿度からして違う。その微差を感じ取るために、研ぎ澄ませてほしいのが五感なの。

五感は、美しさを積み重ねるための大切な感性で、スキンケアにもメイクにもそれを反映できたら上級者。たとえば、ベースメイクなら、年中同じ肌なんて不粋なこと。だって、毎日なんとなく同じという守りの姿勢は、ときに人を老けさせてしまうから。だから、夏は涼やかな艶《つや》のある肌、冬は暖かな湿度高めの肌、というように着替えていくことで、雰囲気のある顔になれるの。

それを使い分けする知性に、女性の現役感が透けている。それが色気の正体。

人と違うことが不安なうちは
いつまでたっても輝けない。

周りと一緒なことで安心感を得る人、とくに女性に多い気がするの。でもね、そんな状況に身を置いていたら、代わり映えしない人生になるし、大切な個性を引き出すことなんて至難の業。

女子会に付き合いでつい顔を出してしまう人、みんなが持ってるから……と流行《はや》りものをなんとなく買ってしまう人。それじゃ、いつまでたっても百人のうちの一人のままだし、いつまでたっても輝けない。

自分だけがコンプレックスの塊だと思っていたら大間違い。誰にだってコンプレックスはあるし、コンプレックスは自分に対する立派な愛着。その数が多い人ほど、綺麗を引き出す術を知っていて、いつか必ず克服できる日がやってくるの。

人と同じでなくていい。自分だけの魅力を見つけ出すために、枠から少し外れてみて。五感で感じるあなただけの喜びを求めて。周りと違っていいし、違うところこそが魅力なの。それに気づけた今が、タフなマインドにシフトチェンジするとき。

お金で簡単に手にした美しさは、
もろく、メンタルを蝕む。

何かを得るためには何かを犠牲にしなければならない、というのは一般的な物事のセオリー。それは、美容においても当てはまる。お金で瞬時に手に入れた綺麗はもろいし、思考がどんどんエスカレートして、メンタルを蝕んでいく。

まつ毛エクステ、カラコン、プチ整形。フェイクな顔はやっぱり人工的で、本質的な美しさをどんどん遠ざけてしまう。しかも、やればやるほど「もっともっと！」とさらに深く依存するのが人間のエゴ。今の状態を受け入れながらあるものを生かす方が、時代の空気感とも合うし、思考としては健全なのに。人は楽を知るとその方向へ流されやすくなり、それがお金で手に入れたものであれば、欲望という名の澱みに侵され始める。

楽して手にしたものには、何の価値も無い。美も愛もお金もね。そして、アンバランスな美は、心まで崩壊させてしまうの。

悪魔な真顔。
笑顔な真顔。

鏡で見る自分の顔ってキメてるじゃない？　でも日常では、表情を作らず、真顔で過ごしているときもある。その顔こそ真実の顔で、鮮烈に記憶に残るの。実際に、不意に悪魔みたいな顔をした人に出会って、心が凍ることもある。陰湿な心を、巧妙なメイクでカモフラージュしているかのようで。心の鏡は顔。その映し出された表情が、すべてを物語っている。

人生の中で戦わなければならない時期は誰にでもあるし、メイクという鎧が必要なときだってある。でもね、いつまでも戦闘態勢でいてはいけない。固執《こしつ》してはいけないの。メイクという鎧は、戦い抜いたらまずはさっさと脱ぎ捨てること。そして、次のステージへと向かう。そんな軽やかなマインドが、真顔を笑顔にさえ見せるわ。

30代を過ぎると人生の生き様が顔に刻まれてゆく。その生き様の選択はすべて自己責任。誰のせいでもなく、その真顔は今のあなた自身そのもの。真顔を美しくすることは、顔をいじることではない。どれだけ喜びの水分量に満ちているか。それは愛し愛されることで発生する潤い率にも関係している。

7：3というミステリアス。

いつ会っても、どんな時にも、完璧過ぎずに完璧な雰囲気を醸し出している人がいる。その人は、メイクでもファッションでも、清潔感と色気の比率が7：3。ベーシックとトレンドが7：3。そう、纏う空気が心地よく軽やかで洗練されている印象は、7：3というバランスが生み出している。

たとえば、成熟した大人が可愛いを纏うというのは、ときに痛いことになりがち。そこにカッコイイというエッセンスが3割含まれるからこそ「大人可愛い」に昇華できる。大人のヘルシー感だって、清らかで健康的な佇《たたず》まいの中に、3割の女っぽさが漂うからうんと素敵に見えるというからくり。経験を積んだ女性はなおさら、心をオープンにして魂を透かせたら、3割は謎を秘めさせると程よくミステリアスが成立する。

ただ美しいだけではなく、刺激的かつ思慮深い、美毒というエッセンスを3滴。

それをお忘れなく。

本当の好感メイクは、
色ではなく〝骨格〟。

正直なところ、好感メイクへの関心は、僕的に言えばほとんどない。他人の視線を気にしすぎるよりも、自分らしいメイクを堂々と楽しむマインドの方が好きだから。ただし、TPOに配慮しているという1点において、その場にすんなりと属することができたり、キャリアアップの武器になったり、身につければ生きやすくなることは確か。上手に取り入れる視点を持ち合わせるといいと思う。

好感メイクといえば、ピンクやオレンジベージュで無難にまとめた控えめワントーンが王道だけれど、そんな顔で毎日過ごしていたら、人生まで無難になる。

本当の好感メイクは、色ではなく、骨格を掘り起こしてじっくり個性を引き出していくこと。鼻筋、頬骨、フェイスライン。あなただけが持つ凹凸という奥行きを引き立てることこそ、知性を組み込んだ色気という好感の正体。そんな風に洗練をシンプルに取り入れていくことを目指して。

今は女性が世の中を動かす時代。他人事ではなく、確実に誰もがその一人。美しくなることにもっと前のめりでもいい。こんな好感メイクを取り入れながら綺麗を磨いていくのも、一つのアプローチ。

〝生きた肌〟を作り出す。

今、改めて言うけれど、ファンデーションは肌を覆い隠すものではない。元々の肌質を閉じ込めるような厚塗りをしていたら、老けた印象を与えるだけでなく自分らしさを引き出すことができないし、肌のアラを隠すことに集中してしまうと、いつのまにか表情の乏しい仮面顔になる。そんな息苦しく抜け感のない肌だと、他の人との間にも分厚い壁を作りかねないと思う。

シミやくすみはファンデーションでカバーしすぎる必要はまったくなくて、間違いなく、生かしていい。これがエネルギーに満ち溢れた生きた肌作りの基本で、マインドとしてもオープンで素敵。さらに色選びも大切で、顔よりも1トーン暗い鎖骨で色を合わせると、こなれて自然。日本には白肌信仰なところがあるけれど、ファンデーションの白肌は野暮ったく垢抜けないもの。

肌という心の鏡は、透かしてこそ魅力が引き出される、というのが僕の持論。ファンデーションは素肌を美しく底上げするクリアな薄膜と心得て。

肌は命。

僕たちは人間として生きている以上、365日ターンオーバーを繰り返していて、毎日休まず生まれ変わっている。肌は生きている。呼吸をしている。

頑張って生きている人の肌は、パワーに溢れ、漲《みなぎ》るほどの艶に満ちて美しい。逆に言えば、漲るほどの艶は人工的な肌には宿らず、肌のアラ隠しに必死になるほど、人間らしさを失っていく。

肌ほど露骨にその佇まいが表れるものはなく、つまり、肌はそのまま女の値段を決める値札みたいなもの。「疲れてる?」なんて聞かれたら、女性としての危険信号が出ていると思って。くたびれて見える＝ブス。ってこと。

美しい肌になりたいと本気で思うなら、まずは生きた己の肌を慈しみ愛でることを忘れないで。肌は人体最大の臓器で、外界からのトラブルを最前線で守り、命を守る使命を担っている排出器官。肌をケアするのは、命をケアすることと同等の意味を成すということ。肌は命なの。

シワなんてあるのが当たり前。

顔の印象がなんだか不自然な人をじっくり観察すると、医学のチカラでシワが見事に消し去られていることが多々。でもシワというのは、年月を重ねて生きてきた証。やみくもに全否定しなくてもいいし、恐れなくても大丈夫。

一定の年齢になればあるのが当たり前なシワの中で、悲観することなく、むしろそのまま育てていいものもある。目尻の横ジワは笑顔ジワとも言われるだけあって、明るく幸せな印象で、表情だって優しく見せてくれる。

反対に、注意したいのがほうれい線の縦ジワ。まったく無いのは不自然なのに、深過ぎると老けた印象が一気に加速して、塩梅が難しい。毎日のマッサージでこまめにほぐしたり、小鼻（ほうれい線の付け根）の赤みやくすみをカバーして、上手にカモフラージュして。

横ジワも縦ジワも、受け入れて寄り添うくらいの覚悟が、大人の綺麗を育む。これが本当の成熟だと思う。

くすみが出てラッキー。

エイジングサインの一つとして、やたらと敵対視されてしまうくすみ。ちょっと気になるのは、ほとんどの人が綺麗さっぱり消し去ろうと一生懸命で、コンシーラーやカラー下地などを厚くきっちりと重ねがちなこと。でも、これじゃ顔がのっぺりと間延びして見えるし、変に〝隙なく綺麗に老けた人〟という残念な印象を与えてしまう。そしてなんせ小ダサい。

そもそもくすみは、年齢を重ねた人にしか宿らない色香で、本当はくすみが出てラッキーなくらい。カバーしすぎる必要なんてまったくない。ではどうするかというと、消さずに生かす、と考え方を真逆に振ってみる。

たとえば目周りは、際ギリギリまでカバーしすぎず、2㎜空ける。フェイスラインも、輪郭から2㎝幅をとってノーファンデーションで見せる。深みを操るような天然のシェイディング効果で、漂うのは絶妙なニュアンスと抜け感。ちなみにくすみ系コスメは黄色系を選ぶと凶で、赤系を選ぶと吉と心得て。

大人の肌は、メイクで仕上げた奥にくすみをほんのり感じさせるくらいがベスト。くすみに寄り添うという感覚をお忘れなく。

眉で人生が変わる。

眉は時代の鏡と言われるけれど、つまりそれだけ饒舌に多くを語っているパーツ。僕が見ているのは、元々の眉の形よりも、主にアイブロウの描き方。太さや形、色で、イメージが変えられることは既に知られている事実。さらに、眉頭や眉尻には精神状態がくっきり。繊細に仕立てられているほど心が安定しているし、大人の余裕と粋が漂って素敵。でも、残念な人も少なからずいるわけで。

僕自身の眉も半年に1度は表情を更新しているけれど、それにしても、眉を描くのは難しく奥が深い。とにかく練習あるのみ。意識するのはまずスピード。ちょこちょこ描くほどムラになって濁るから、ベースは片眉10秒で迷わずに仕込む。そして細部もササッと調整していく。

眉を最初からうまく描ける人なんていない。色を変える、リキッドを追加する、1ミリ寄せる、から始めても、何もしないよりはいい。なにしろ、時代と骨格にフィットする眉を作るのは自分しかいないということを、覚えておいて。

その眉は、いつしかあなたが生きた時代の痕跡《こんせき》となり、引き寄せる人すらも眉によってがらりと変わる。

いつの時代も色褪せない。アイメイクの普遍的ルール。

メイクトレンドが目まぐるしいスピードで変化していく中、いつの時代にも絶対的な美人印象を司るのはアイメイク。瞳は言葉なくして想いを伝える重要なパーツで、生命力のバロメーターと言ってもいい。

大人がこだわりたいのは、まず湿度。乾燥する目元にどんなトレンドアイテムを盛り込んだとしても、暖簾《のれん》に腕押し。日本人のつぶらな瞳には、驚きかもしれないけれど、湿度高めのブラウンシャドウをたった1色、アイホール広めに際から塗り広げるだけでいい。しっとりとしたまぶたには色気が宿り、立体感や奥ゆかしさ、透明感までが一気に満ち溢れるはずだから。

次に、まつ毛とまつ毛の間を埋めるインサイドライン。目を開けた時には気づかないくらい自然なのに、確実にまなざしを印象深くコントロールしてくれる。その働きはマーヴェラス。すっぴんだって素敵に見せる小さな秘境の絶大効果は、まなざし作りの大きな味方になるの。上まつ毛の際にスーッと1本忍ばせてみて。驚くほど若返り、生命力が漲るはずだから。

大人はときに
チークレスというスパルタ。

もう何年もメイクをし続けていると、知らず知らずのうちにルーティンとなっていることがあると思う。とくに、自分史上最高だったあの頃のメイクのままの人が多いの。たとえばチーク。入れるのが当然のセオリーとされていたのはもう何年も前のことなのに、今も何の疑いもなくただ色を付けてたりしない？　うっすらとした色付きとはいえ、街中ですれ違う人を見ても「チーク、ない方がいいのにな」と思うことがあるし、実際に撮影でチークを引き算して洗練を極めることも多い。2つの女性像を作るときも、チークの有無でガラッと別人にできる。

だからときには、チークレスというスパルタな選択肢を持って。リップに強めの色を纏うときは、ノーチークで攻める方がたいてい洒落《しゃれ》るし、ファッションとのバランスもこなれるはずだから。

そして参考までに。大人がチークを纏うときは、骨格矯正効果を意識すること。黒目の下と小鼻の横からそれぞれのばした線の交わるポイントから、耳の穴にめがけて平行にサッとひとはけ。加齢でたるみがちな下半顔を引き締めて、端整な顔立ちをサポートしてくれるの。

始まりは、たった3本のリップから。

あなたにはいくつの顔があるだろうか。どこに行くにも誰に会うにも、どんな服装でも季節を問わず、ワンパターンの同じ顔？　それってナンセンス。

1日の中でもリップメイクを楽しんでみる。午前中のフレッシュな顔には、血色感のあるヌーディベージュを。午後の黄味がかった日差しには、オレンジやコッパーの暖色系。夕方以降なら、夜の光に深みを加えるムーディなダークラズベリートーン、なんていうのもいい。さながら少女、母性、魔性。3本のリップで3つの顔を操って、思うままの幸せまでも手に入れたレディが本当にいるの。

メイクアップは、本来、情熱溢れる表現方法。クジャクが美しい羽根を広げる求愛行動とも、なんだか似ていると思う。だから、女性としてこの世に生まれたのであれば、綺麗を怠らないで。メイクする喜びや楽しみを味わい尽くしてほしいの。

女性の本質が透けて見える、唇。

唇は、粘膜がむき出しになっていることもあって、この上なく官能的なパーツ。独特の光沢感と湿度、ボリューム感ややわらかさは、セクシャルなアピール度が強い。それなのに、縦割れや皮むけ、乾燥なんかに見舞われているなんて、もう悲劇でしかない。僕は、プルップルの唇を褒めてもらうことが多いけれど、それは日々の丁寧なブラシ洗顔やスクラブで代謝を高めているから。リップクリームは、もう2〜3年、使ったことがないんじゃないかな。

とはいえ、いくら丁寧にケアをしても、今まで発してきた言葉の数々が、しっかりと刻み込まれてしまうところが唇のホラー的奥深さ。品格と知性は見るに明らかで、その人となりを悟られてしまう。ごまかしなんて利かない。ネガティブな言葉を発し続けていたら、口角だって下がるし、表情はどんどん貧相になっていく。もっと唇に意識を集中させて。

似合わない色なんてない。

「私に似合う色ってなんですか？」。これは今も昔も変わらず、誰からも聞かれる質問。その答えは「好き！　つけてみたい！　と心で感じた色」。基本的に似合わない色なんてこの世にないから。美しくなるための振り幅を、わざわざ自分で狭める必要なんてないの。

とはいえ、人によって肌や髪、目の色で、より似合う、似合いづらい、という微細な差が出ることは事実。それでも、コントロールカラーやアイシャドウベースで肌色を微調整したり、インサイドラインの挿し色で瞳の色の印象を変えたりすることは可能。テクニックがあれば、よりパーフェクトな似合わせが適《かな》ってしまうというわけ。

無難な安心色ばかり選んでいると、直感力が鈍っていく。まずは、好きだけど苦手と思い込んでいた色に、ファッションを含めて挑戦してみて。そんな積み重ねが経験となり、個性という魅力を開花させるのだから。

五感が喜ぶ色を楽しめたら、人生の色まで変えることができるかもしれない。

メイクは心を高揚させる。

ヘア&メイクとしての下積みを始める前、アーティストブランドのビューティアドバイザーとして約3年間活動していた。その当時から痛感していたのが、メイクアップのチカラ。心の機微を瞬時に察知しながら最旬のメイクを提案していくのはなかなか大変なことではあったけれど、メイクをしたことで少女のように心を躍らせる人や、生きるチカラを取り戻したと涙する人などに触れられたのは、今でもこの上なき財産。メイクには人生を塗り替えていく熱量も、心を癒すセラピー効果も備わっていると、改めて思い知った。

毎日メイクをするのなら、義務感やマナー的観点じゃなくて、気持ちを込めて、心が震えるほどに楽しんで。その方が自分らしさという綺麗の道だって最速で開《ひら》けるはずだもの。仕事や育児に追われてる？ ストレスフルで大変？ そんな日々だからこそ、新商品を試したり、テクニックを刷新したり、メイクをリニューアルしていくゆとりを持って。そして美のマインドを上げていく。

特別な日の直前に一生懸命美を取り繕っても、表面的な美しさが整うだけ。毎日が特別！ なくらいの勢いで、addict できたら最高。

人が見ているのは、たいてい横顔。

自分の顔って、みんな、鏡の中の正面顔だけを見てるでしょう？　だけど、周りの人は横や斜めの角度から見てることが実はほとんど。まつ毛は、毛先に向かって先細りになると儚《はかな》さと色気がプラスできるし、アイブロウは、眉尻が繊細にフェイドアウトしていたら、横顔の美人℃が格段にアップする。アイラインやアイシャドウの際も、ムラっぽさがない方が心の安定を感じさせるもの。

そして、見落としがちなのは耳周り。耳の上の方は、紫外線に晒されることもあってシミが出やすく、後頭部へと繋がる耳の後ろは、角質溜まりしてゴワつくことも。そこがきちんとお手入れしてあると、清潔感の上乗せができるの。

三面鏡で360度確認することを日課にしてみる。そしてときどき、キメ顔じゃなくてあえての真顔も確認してみる。表情を作らない無表情な顔って、内面を映し出したまさに真実の顔だから。多方面からのリアルな自分を、ちゃんと受け入れて愛でるのが大人のエチケット。

美容は頑張らない。
当たり前に習慣化するもの。

綺麗でいるために、どのくらいの努力が必要だろうか。実は、美容は頑張る分だけストレスになる。

本来、美容とは、頑張るものではなく習慣にするもの。その結果が、湧き上がるような艶感だったり、心から溢れ出るエナジーだったり、透き通った瞳のきらめきだったりして、意図せず綺麗な空気感を纏えてしまう。この好転スパイラルを開拓していくのが、毎日のスキンケアだと思う。

落とすケアと与えるケアの比率は、9対1が究極の理想。不要な角質を毎日脱ぎ捨てて、水とオイルだけを与えるシンプルケアにする。最初こそちょっとカサつくけれど、だんだんと潤い始めて肌が自立し、締まってくるはずだから。乳液やクリームのチカラは、生活が不規則な人や子育て中でしっかり睡眠がとれない人が借りればいい。TPPOに応じてね。

お気に入りのスキンケアラインを使っているから安心、というのではなく、日々の生活リズムやコンディション、環境によって肌と会話しながら使い分けていく。こんなことを当たり前に習慣化させた人から美しくなれる。

綺麗を開拓するなら、
行動、行動、即行動。

今の時代、やたらと情報が過剰に溢れている印象。美容においても頭でっかちなまま、結局何もしていない人が目についたりもして。たとえば、僕が「これ、いいよ」と発信したアイテムについて、もしもピンとくるのなら、ぜひ実際に手に入れて肌に乗せてみてほしい。「ちゃんと使えるかな？」というような不安ももちろんあるはずだけど、アレコレ思い悩んでアクションしそびれるよりも、スピードに乗ることが優先。

綺麗のアップデートは、情報だけを手に入れることじゃない。人がいいと言っても、自分にいいとは限らないから、肌でちゃんと確かめてみる。実際に体感して、一つの真実を確実に得ること。

この微差は年齢を重ねるほど開いて、肌に顕著に表れる。タフな美しさは、小さな行動の積み重ねでできている。

メイク道具の乱れは心の乱れ。

美しいメイクは、美しいメイク道具から。いくら卓越したテクニックや優秀なコスメを手にしていても、道具が清潔でなければ完成度はガタ落ち。粉まみれのチップじゃ繊細なまなざしは作れないし、何度も使った不潔なスポンジじゃムラづきになるうえに、肌トラブルを招くだけ。洗うのが面倒なら、使い捨てをうまく活用するのがオススメ。

そして当然、メイクポーチも整理整頓を心掛けて。油分で曇ったケースをピカピカに磨いてもいいし、古びたアイライナーやなんとなく入れているだけのアイテムは捨てて、すっきりとスリム化してもいい。

心を正すというのはなかなか難しいことだけど、乱れた道具を正すなんてことから始めることもできる。大人が失いがちな気品や丁寧さや清潔感は、日常に溶け込むようなこんな細部から漂っている。

男に媚びるモテメイクなんて不粋。

基本的に、遊び目的の男性は、いわゆるいい女は選ばない。あまり労力を掛けずに落ちそうで、かつ大人しく黙っていてくれそうな手軽な女性を選ぶの。

こういう男性を寄せ付けないための虫除け効果になるのが、女性にモテるメイク。なぜなら、誰の視線にもひるまない自由なマインドは、惚れ惚れするほど魅力的で、手軽さが一切ないから。これと真逆のモテメイクはいつの時代も流行っているけれど、男性に媚びるメイクをしている以上、洗練された美しさからは残念ながら遠ざかるばかりだと思う。か弱さを演出するならまだしも、いくつになっても〝可愛いを盛る〟という行為、それは女性の敵を増やすし、無駄な男性を引き寄せる麝香《じゃこう》のようなもの。

遊び目的の男性を見極める目を持つことも大切だけど、遊び目的の男を寄せ付けないほど、品格と清潔感のある上質な女性を目指してほしい。

質の低い情報に
振り回されるのは致命傷。

今はインターネットで何でも検索ができる時代。ガラクタのような美容情報が簡単に手に入ってしまうし、そのまま鵜呑《うの》みにしていたり、踊らされてしまったり。真実が見えていない、思考回路がお花畑状態の人がいることも事実。情報リテラシーの低い人が増えているのかもしれない。

そんな僕も、情報にただ振り回され、自分の意見を持てない時期があった。思慮深い人間であれば、何をどうすればそうなるのかをしっかり分析することができるのに、皆がいいと言ってるからいいんだって、フワフワと何となく、浅はかに信じていた。

だけど、この情報化社会だからこそ、〝知識がない〟〝知らない〟〝わからない〟〝たぶん〟ということは通用しないし、恥になるということに気づいたの。むしろ、仕事をする上では致命傷になる。もっと集める情報の質を高めることに注力してもいいんじゃない？

コンプレックスは隠さない。

本物の美人というのは、造形的な見た目うんぬんではない。自分のコンプレックスをも受け入れて、〝自信〟で満ち溢れている人のことだと思う。

名を馳せるトップモデルや大女優にも、実は骨太だったりエラが張った人はいる。けれど、彼女達が美人として賞賛を得られる理由は、そんな自分を受け入れ、潔くさらけ出している〝自信〟。「これが私！」と自負していることで、内から漲る生命力や輝きで満たされていくの。

そんな被写体にメイクをするときは、あえて小顔にするマッサージを施さず、ありのままを生かすことさえある。だって、そこがチャームポイントであり、魅力的な個性なのだから。

街を歩けば、顔周りの髪を触角みたいに2本下ろした、謎めいた女性に遭遇したりもする。男の心をくすぐる揺れるピアス的な役割なのか、はたまたいつ写真を撮られても大丈夫なような意気込みなのか。何にしろ、変に隠さないでほしいわ。あるがままの自分を受け入れて、輝いて。

白髪は人生の勲章だから。

白髪といえば、若くありたいと願う女性にとっては疎《うと》ましいものだけど、最近ではグレイヘアという選択肢がある。つまり、白髪染めをやめて、白黒交じりの髪色を生かすスタイル。真っ正面からアンチエイジングするよりも、ありのままのグレイヘアでいることを選ぶという、生き方の解放。若く見せようと必死になるがあまりにゆがみが生じるなら、やらない選択をして身軽になってもいいかもしれない。

人として次のステージに上がる女性の瞬間を、目の当たりにしたことがある。その人は、今は白髪染めをして黒く艶やかな髪をしているけど、「グレイヘアをいつから楽しもうか、ワクワクしている」と話してくれた。自分を貫く強さを選ぶ。ありのままをさらけ出す解放感を得る。それは、誰かに気に入られるように振る舞うステージを易々と通り過ぎて、さらに女性としてのキャリアを積んだ証。それが、人生の勲章というものなんだと思う。

白髪に限らず、〝こうあるべき〟という固定観念は日本的で、これからはもっと多様性と個性があったらいい。グレイヘアをきっかけに、女性が自由になったら素敵。無理をしないで生きていける女性が、もっと増えますように。

ヘアスタイルって、
デザインよりもまず質感。

なりたい髪型があるのに、なんだか近づけないとお嘆《なげ》きの皆様にアドバイス。大切なのは、フォルムではなくまず質感。ヘアカタログの「似合う髪の量や髪質、髪型」といったグラフを参考にするより、スタイリング剤を駆使して、まずはなりたい髪型の質感に変えてみて。ウエット、ドライ、ツヤ。その質感が変わらない限り、求めているフォルムになっても、「何だか違う」になってしまう。

たとえば、清楚で凛とした印象になりたいときは、まずしなやかなツヤ髪にする。ヘルシーでこなれた印象になりたいときは、まず空気感を含んだ感じのドライ感にする。そんな風に質感に注目してスタイリングしてみる。

僕は撮影のときには、媒体や求められる女性像によって、モデルの髪の質感を変えることから始めている。それくらい、質感は侮《あなど》れない存在。

細部に洗練。

どんなにメイクを完璧に仕上げても、すべてを台無しにしてしまう部分がある。それが毛先と爪の先という細部。

まずは、顔周りのパサついた毛先。体内までパサついた印象を与えて、残念感を一気に高めてしまうので要注意。逆に言えば、毛先まで潤っていると、ホルモンのバランスまで良くみせられるということ。

そして、剝げかけたネイルとデコラティブすぎるネイル。どちらも過激すぎて、人となりから疑われがち。知性と色気を両立するなら、華美すぎないシンプルネイルを。そんな爪で英字新聞でも持てば一気にデキル女風！　顔が疲れていても、爪の先の洗練が美人印象を添えて助けてくれるはず。

髪も爪も、もはや顔という認識を持つこと。細部にこそ洗練を宿して。

365日生きている限り
朝晩は口内メンテナンス。

「芸能人は歯が命」というテレビコマーシャルがひと昔前にあったけれど、今では「一般人も歯が命」なんて言われたりもして。歯は修正が利かない一生ものだってことを、誰もが薄々気がつき始めてる。一時の感情で、人工のピカピカで真っ白い歯にしてしまうと、いつか突然後悔する日が訪れるわ。だって、本物の美しさは、人工では作れないから。生まれ持った歯を大切に、老いと寄り添いながら維持していくのが理想的バランス。

だからこそ、日々歯のケアには意識とエネルギーを注ぐ。肌と同じく、365日生きている限り、毎日朝晩口腔内をメンテナンス。基本は歯磨き、フロス、歯間ブラシ、舌磨き、舌マッサージは最低限、歯茎のマッサージも忘れずに。

ご老体調査をすると、若いころにやっておけば良かったことの第1位は、ほとんどが歯のメンテナンスだって、知ってた？

スピード、大きさ、トーン。
語尾の美しさこそ品格。

語尾の美しさは、品格と感情を表現できる重要なディテール。どんなに心に響く言葉を選んだとしても、語尾の調子一つで、すべてがウソみたいに聞こえてしまうことがある。

というのはそもそも、トークショーをし始めたばかりのころ、自分が話している映像があまりにも衝撃だったから。緊張感のあまり声のトーンがやたらと高く、早口で。その中でとくに気になったのは、伸ばしっ放しの語尾。それ以来、相手の心にスッと染み渡るような話し方を研究して、実践する日々。

大人は、心の機微まで真っすぐに伝える話し方の術を持つべき。語尾のセレクトやスピード、声の大きさ、トーンにまで心配りをして。そこには心の内と、人としてのランクが如実に示されてしまうから。

最近の僕は、そこにプラスして、謙虚に大胆、静かで派手、上品なのに鮮烈、を心掛けている。そうすることで、いつの間にか人の記憶に残像として生き続けるの。

生も死も左右する、言霊。

言葉には、言霊《ことだま》が宿っている。だからたった一言で、生きるチカラにも、死に至らしめるチカラにもなるの。

言葉には不思議な効力があって、イメージしたことを心で唱えたり発したりすると、その通りのことが現実に起きる。これは脳科学でも実証されているようで、ネガティヴな言葉は、思考力の低下や老化の加速、ブスなマインドの定着に直結する。ポジティヴな言葉は、人の心を温めて、己のバイブスを上げる原動力になる。

もしもネガティヴな言葉を口にしそうになったときは、思考を切り替えてみてほしい。僕は、苦手そうな人に出会っても、好きになる努力をすると人間力が上がる！と思うし、ひたすら仕事の毎日も、このＡＩ時代に人間に仕事があるだけ幸せだわ！とも思う。

とある国の言葉は、心にグサッと突き刺さる直接的な表現ばかりで、メンタルが蝕まれやすいと聞く。日本語には、ニュアンスが香る美しい表現などもたくさん。毎日幸せに生きるなんてなかなか難しいかもしれないけれど、言葉一つで日々の色を変える心がけは、積極的にしないとね。

感謝の言葉は
言えばいいってもんじゃない。

「ありがとう」という感謝の言葉は、言わないよりは言った方がもちろんいい。その言霊により生きる喜びさえ与える力があるから。けれど、やたらにクドかったり押し付けがましかったりして、パフォーマンス色が強くなると、とたんにしらけてしまい恩着せがましい。そして、その姿勢が傲慢に見えてしまう。

本当に伝えたい気持ちがあるなら、声高に何度も叫ぶより、心で唱えて行動に移す方が断然スマート。手紙を書いたり、次の仕事につなげたりしてもいい。ただ言うだけに比べて、重みがまったく変わってくるから。

感謝のための言葉は、強引な自己啓発のように無闇に発するとたちまち安っぽくなる。言えばいいってもんじゃない。一言の「ありがとう」に重みを持たせて。

愚痴ることは迷惑行為。

言い訳が言い訳を呼んで、結局いつも愚痴ばかりの人。いい加減にお黙りなさい。なんでも年齢のせいにする。痩せられないと悲観する。夫を比較して卑屈になる。そのマイナスな言葉たちを浴びせるたびに、老けていくことに気づいていない？教えてあげる、その現実とともに、品性と清潔感までも失っていることを。

何を隠そう10代の頃の僕は愚痴魔で、それが自分に跳ね返ってくる状況にもがき苦しみ、そしてその災いのもとが自分の内側にあると知った。愚痴るってそもそも甘ったれた行為で、相手を不快にさせるだけ。まずは自分で消化するのが一番賢い方法だと思うわ。愚痴るという迷惑行為はやめて、自立した方がいい。

普段、自分の口から出てくる言葉一つ一つを、観察する癖をつけてみて。否定が多い？　不満を語ってる？　そのすべてが、自分の未来の現実を作っているの。発する声にじっくり耳を澄ます。ただそれだけで、人生が変わる。

〃類は友を呼ぶ〃という真実。

隣の友達は映し鏡。同じ空気感が漂うからこそ、居心地がよくて、気が合うの。自分自身を客観視したいなら、友達を見てみるといい。その姿に共感するなら、そこがあなたの人としてのステージ。もしも違和感を覚えるなら、次なるステージに行くタイミングかもしれない。マウンティングしあっているような友達なら、つまりは同類ってことよ。

僕たちは、友達を含めた環境によって成長するし、価値観が日々変わって、内面にも外面にも生き様が刻まれていく。友人関係に悩みを抱えるくらいなら、人間的成長を目指して、もっと上のステージにステップアップしていけばいい。すごくシンプルなこと。

そんなあなたを、人は必ず見ている。陰ながらに努力し、静かに輝き始めていることを、みんな実は知っている。視線が注がれるほど光る存在になれたら、そこには類を見ないあなたらしさという個性に満ちているはず。

群れないという存在感。

人には二種類あると思う。〝群れる〟か〝群れない〟か。

群れるタイプは、一人でいる心地よさを知らず、似たような人が集まっては、下衆なマウンティングを始めがち。一方、群れないタイプは、一人でも生きていける強さが漂うから、仮に群れの中にいても、光る存在感がある。自信に満ちた輝きを持つ、まさに孤高の一匹狼。

成熟した大人たるもの、〝群れない〟方が素敵、ということは今の僕なら明白。だけど、昔は群れていたの。自信がなくて、大勢に紛れることや誰かと一緒にいることで、自分が成り立っていたこともあった。

時代は変わりつつあり、すでに個が尊重され始めている。人は人、自分は自分、死ぬときはいずれ一人。だからいつまでも周りに頼らないで、己自身で美しく生きるべきよ。

噂話は、甘い蜜の味がする猛毒。

基本的に、噂話というのは、甘い蜜の味がする猛毒。もしもあなた自身が噂話好きなら、現状が本当に幸せなのか、周りをよく見渡して考えた方がいいわ。たぶん、噂ばかりする人に囲まれているはず。そして、皮肉なことに、あなたも興味本位な噂話の材料にされているはず。

僕からしたら、噂話で時間を無駄にしたり、聞いてくれる相手の貴重な時間を奪うなんて、懲罰《ちょうばつ》レベルの悪事。無意味なウソや半信半疑な憶測を話す暇があるなら、事実や面白いアイデアに浸り、学び、成長することに費やすべき。

覚えておいて。猛毒に侵されたメンタルは、必ず表情に表れて、やがて刻まれていくことを。そして、その醜い表情を消すために、美容整形を繰り返すという人形になる人もいるのよ。

強すぎる自己主張。

「私はここよ！」って声を張り上げるかのように落ち着きのない主張をする人、日本ではなかなかの珍獣。おしとやかすぎて何も言えない大和撫子に比べたら素晴らしいことかもしれないけれど、場をわきまえず自分濃度が強烈に濃い人とは、自然と距離を置いてしまうわ。主張する前に、相手が何を感じているのか〝気づく〟ことが大切。〝気づく〟ということは、思う以上に価値のあること。

反対に、静かな自己主張であれば、相手の心に必ず強く残るもの。言葉に重みを持たせてスマートに物事を伝える。心地よい主張は、いつだってシンプル。

僕の過去を振り返ると、自己主張以上に、恐ろしいほど自意識過剰なところもあった。妄想に支配された無駄な自信なんて捨て去って正解、と今ならはっきりと思う。どちらにしろ、何かに偏った依存がある人には気をつけて。

ちなみに、自分ばかり幸せアピールをしていると、周りはだんだんと冷めた目で見ていることにも、間髪入れずに気づくべし。

TPPO。

ＴＰＰＯとは、もちろん時と人と場所と場合に応じて様々なものを使い分けること。このＴＰＰＯをわきまえることって、大人として当たり前だと思うの。なのに、シリアスな場面で笑ってしまったり、内に抱えるストレスをところ構わずにぶつけたり、ドレスアップが必要なシーンなのにくたびれたルックスだったり、目に余る振る舞いに出くわすことも多い。ごく一部の天才じゃない限り、これは完全にアウトよ。

感情を振り乱さない。自分を理解してコントロールしていく。心で操縦できないなら、チークという魔法を忍ばせて。幸せをメイクするチークには、感情を鎮静させる効果がある。

感覚を制御して、行動して。自分を適切に取り扱うことができないなんて、壊れて錆びついた機械と一緒。

構ってちゃんの自虐に
付き合うなんて不毛。

かわいそうで無力な自分を演じて同情を得る、通称、構ってちゃん。必要以上に自分のことを貶《おとし》めたり、求められたことができないアピールをして、周りの人に「大丈夫よ！」と慰められたり褒められたりしたい面倒な人。そして結局、努力や改善をすることもなく、また同じようなシチュエーションでしつこく同じ話をagain。それって驚愕の負のエンドレススパイラル。

こういう甘ったれた人に対しては、都合のいい存在にならないように気をつけて。同情を求められることは、不幸に巻き込まれるようなもので、構ってちゃんの自虐に付き合うほど時間が無駄なことはないの。いい迷惑。だから、程良い距離感を保つ。それでも被害が及ぶようなら、関係性からスパッと断ち切る。

その潔い選択が、心の澱みごと綺麗に一掃する最高のデトックスになるわ。

洞察力、鈍感力、スルー力。

調子が悪い日、悲しい日、うれしい日。感情の起伏は日々いろいろあるけれど、メンタルをできるだけ一定に保つのが大人のマナー。その安定を目指すべく、常に意識している3つのチカラがある。

まずは、相手が何を思い感じているのかを一瞬で見極める〝洞察力〟。

次に、こだわりを抑えながらそっと身を引く〝鈍感力〟。

最後に、相手を尊重する器の広さと心の余裕を発揮する〝スルー力〟。

たまにこの3つのどれも兼ね備えず、心ここにあらずな人に会ったりもするけれど、だんだんと誰からも相手にされず、見捨てられていく。逆に言えば、このすべてを持ち合わせていれば、どんなときも冷静で優美で、信頼をも得ることができる。さらなる高みを目指せそうな気がする。

変化を恐れずに、
こっそりと黒い欲望。

欲望をひた隠しにすることは日本人の美徳。とくに貪欲は、仏教では心を害するとされている恐ろしい「三毒」の一つだけど、個性や自分をアピールすることが苦手な女性には、欲望が必要だと思う。なぜなら日々何となく生きていたら、何となく老けていくだけだから。変化を恐れずに、欲望を持って生きるべき。

欲望は、行動力の源で、それを知ることで改めて自分自身が理解できる。事実、次から次へと夢を叶えて進化の止まらない人たちは、良い意味で新しい欲望に満ち溢れているもの。

綺麗になることをまるで他人事だと思っていて、自分には関係ないとばかりに疎《おろそ》かにしている人は、お気の毒。見た目の造形はもちろん、美しく生きるための心掛けのために、黒い欲望をこっそり抱えたっていいの。それが本当に望むものなら、パートナーや仕事、住む家や国を変えてみるのも一つの手段。失敗を恐れて守りに入ってばかりなのは、息苦しいだけ。

自分の欲望に正直に生きてみて。それが美の原動力になるから。

この世を生き抜くための、
清く正しく美しく。

外見を一生懸命に綺麗に整えることはもちろん素敵だけれど、内面の清らかさと誠実さ、正しい心の持ちようが美人を作ることは確か。

「清く正しく美しく」は、心の真ん中に置きたい、心地よいフレーズ。僕自身、心が荒《すさ》んでいた時期には、なんとなく意識していたりもして。今の時代、そんな人はなかなかいないし、自分だって「清くない」「正しくない」「美しくない」ときもある。だけど、心掛けると人生がいい方向に導かれるの。

そしてさらに、日々心のデトックスをすること。たまに心の〝宿便〟、つまり、溜まりに溜まったストレスを一掃する時間を作ると、安定した心の美をキープできると思う。関係ないと思われるかもしれないけれど、腸そのものをデトックスさせるだけでも心とリンクしていくってご存知？　清らかで正しい循環と、美しい腸。魅力の循環には、心と腸が密接しているってこと。

時間は財産。
人の時間を無駄に奪わない。

今でこそ健康だけれど、僕はこれまでに何度か入院したことがあって、日々生かされていることを身をもって実感している。いつ死ぬかわからない、今日が最後かもしれない、時間は限られている。そんなことを考えながら人生を逆算すると、残された時間は驚くほどに少ない。時間は財産。つまり、タイム イズ マネー。

そんなこともあって、人の時間を奪うというのは、殺人に匹敵するほどの罪だと心の底から思う。遅刻の常習犯がまさにそう。約束の時間を守ることは、そもそも大人の初歩的なエチケットなはず。そして、仕事後の無駄なお付き合いももちろん不要。そこから得るチャンスを摑むより、100％＋αという完璧な仕事をして次につなげる方がよっぽど発展的。

ストイックすぎる？　なんだか味気ない？　でも、そんな余計な味をつける前に、何かを成し遂げる人生にかけてみて。毎日の色が劇的に変わるはず。

本を読む意味。

実は僕は読書が苦手。読むと眠くなる……を繰り返しながら、一冊を読み終えていく感じ。だけど、自分にはなかった考え方や価値観、思考、知識などに出会うことはやっぱり楽しいし、何かを感じて考えることは人としての成長にもつながる。能天気なお花畑思考から抜け出す、一番のキッカケにもなるはず。

長年寄り添った恋人は、膨大な量の本を読む人だった。その人は、どんなときでも冷静で、深く青い空を見渡すかのような視点の持ち主だった。年齢を重ねても心が濁ることなく、色褪せない澄んだ瞳で、いつだってキラキラしていた。

本の中で、知らない世界を垣間みて、現実の厳しさを学ぶ。そして、本から得た知識で、その厳しさを乗り越えていく。世知辛いこの世の中でも、本の世界があれば、明るく広い景色を見ることができるって信じてる。だから僕は、これからも本を読み続けるよ。

幸せ不感症。

プライベート写真の公開や仕事の宣伝、公開処刑のようなマウンティングの様子など、SNSでは、画面一つでたくさんのリサーチができる。そんな情報が溢れている時代だからこそ、芯の強さが何よりも必要。だって、どんなときでもつい他人と比較してしまって心が揺れたりするでしょう?

でもね、そんなことを繰り返していたら、本来の自分を見失って、何のために生きているのかさえわからなくなる。他人と比較した幸せを気にするなんてやめて、自分が本当に心地よいと思うことに素直に生きてみて。

頭でわかっていても周りの動向に心が乱されるのであれば、思い切って一時的に情報を遮断して、自分自身とだけ向き合ってみる。それでもダメなら、そんな交友関係ごと断ち切って、一匹狼のように自立したブレない女を目指してもいいんじゃないかしら。

すべては自分次第ということ。幸せの基準値を上げすぎるほど、幸せから遠ざかる〝幸せ不感症〟になるから気をつけて。

急かすな。

今はなんでもスピードの時代。でも、そんな時代だからこそ、所作ぐらいはスローが素敵だと思う。目指したいのは、スローモーションでいてスピーディ。高度な技ではあるけれど、最も洗練された空気感はこれだと思う。

つまり、何もしていないかのようでいて、いつの間にか充分な仕事を静かにやりこなしてしまう女性。そのステージに上がれば、文句なしにプロフェッショナルで、大人の気品さえ漂う。物事をオーバーリアクションでパフォーマンスすることは、品位に欠ける。

静かにゆっくり最小限に伝える言動は、人の心を惹きつける。だから伝えたいことがあるなら、勢い任せは災いの元。相手にとっての心地よさを第一に考えて、物事を伝えて。

幸せの押し売りは、恥。

幸せそうに見える人っているよね。多くを語らずとも幸せな感じがふわっと漂っていて、穏やかで優しい気持ちにさせてくれる。憧れる存在とは、こんな人のことかもしれない。

その一方で、わざわざ幸せそうに見せている人もいる。大きな笑顔を無理して作りながら、幸せアピールのお祭りとでも言うべきか、とにかく幸せに見られたくて必死。わざわざ「私は毎日が幸せなの〜！」なんてことを無駄に口にしたりもして。ゴリ押しが不快だし、エネルギーを吸い取られるしで、周りはもうガス欠状態。暑苦しいから、視界にさえ入ってこないでほしいと思われるのが現実。

幸せは、自分の中だけに秘めておくのが知性であり美徳ということ。幸せの押し売りはもはや恥よ。

出会いがないなんて大ウソ。

男性との出会いがないと嘆く人は多いけれど、それって、スマホの世界に没頭しているからでしょ。なぜ、その中だけで心を満たそうとするの？　焦りや不安でのめり込んでしまうのなら、間違いなく依存。白砂糖と同じね。

そんな状況じゃ、目の前に運命の人がいたって、気づけないのは自業自得。顔を上げて外の世界にどんどん出て、ビビッと来たら即行動する感性を高めるの。世の中には男と女しかいないのだから、必ず出会えるはず。

その感性は、自分の容姿を見ているだけでは養われない。相手の〝気〟を感じること。お互いの見極めに、瞳に宿る魂を見透かす。そしてもう一つ、自分しか愛せないナルシスト男ではないことを確認して。いくら容姿端麗でもこのタイプはタブー。愛することを求められるばかりで振り回され、愛されることは絶対にない。

一瞬のチャンスをモノにする人たちは、リアルな世界で真っすぐ情熱的に生きている。ビビビッときた人を落とす術を、ちゃんと知ってるの。

偏見がある人は
愛する視点が欠けている。

今の時代、性別は男性、女性という二極化ではない。ジェンダーレスを含めると、立派な三極化になっていると思う。

ＬＧＢＴに対する偏見がもしもあるなら、人を愛するという大きな視点が欠けているのかもしれない。同じ人間なわけだし、あなたはたまたま女性として身体的な性を受けて生まれただけの話。

セクシャルマイノリティからは、学ぶことがたくさんある。その美学を汲み取ることに、マインドの成長を司るキーもある。

〝男だから〟とか〝女だから〟などのカテゴリーを外して、人としての魅力を磨いていくこと。女らしさ、などの概念は、時代とともに更新されていることに気づくべきよ。

奔放なナルシストという罠。

自分を愛することは大切なこと。他者との関係性を築き上げる上で、欠かすことのできない要素だと思うの。そもそも、自分を大切にせずして、人を慈しむことはできない。とは言っても、その陶酔のアプローチを間違えてはいけない。

理想的なのは、自己愛で満たすこと。自分という世界で完結する充実感を繰り返して、他人に強要はしない。一方、迷惑型なのがナルシスト。アイデンティティを確立するために、他人からの承認や共感を、無理に要求して巻き込んでいく。

経験を重ねると自信がつき、評価される。年齢を重ねると容姿にも若いころにはないある程度の余裕が生まれ、コンプレックスを受け入れることで輝きもみなぎり、自分自身を愛することができる。でも、これだけじゃまだ半人前。

この先が重要で、さらに、自信に見合った言動をすること、過剰にならないように謙虚さを持つこと、華美に主張し過ぎないこと。そして、自分が思うより他人は評価していないという事実も、心に留めてこそ一人前。

いつでも俯瞰で物事を捉え、客観的に自分を見つめていれば、奔放なナルシストにはならないわ。

我慢を美化すると
女は枯れる。

〝頑張ること〟と〝耐えること〟はまったく次元の異なる問題。

頑張るというのは、好きだから何が何でも成し遂げられるし、泣いてでも結果を出せてしまう。いわば、光に向かう途中のこと。耐えるというのは、嫌々やらされたり、興味のないことを我慢してやらさせられてしまう。つまり、闇に向かって輝きを失う途中のこと。

環境や人のせいにしてはいけないと思う。

昨今は〝個と組織〟を自由に行き来できる時代で、環境のセレクトはいくらでも簡単に自分次第で選ぶことができる。籠の中の鳥でない限り、自由に生きる選択ができるというのに、いつまでその状態でい続けるの？

耐えることや我慢することを美化し始めると、悲しいことに、幸せになることすら耐えて我慢するようになる。そして、いつのまにか女を枯らしてしまう毒が発生するから。気をつけて。

口にしたすべてのものが
あなたを作り出している。

あなた自身を作り出しているのは、口にしたすべてのもの。だから、何も考えずに食すというのは、意識的に磨いた美貌を崩してしまうようなもの。謎めいたサプリメントを適当に飲む、だなんて自殺行為と言っても過言ではない。

流行りの食材ばかり摂ったり、暴飲暴食をしたり、食べたい欲を抑えられない糖質依存症など、食生活の乱れで体のバランスを崩すのは自業自得ね。その姿は、今まで生きてきた分の蓄積の産物。あれこれ悩む暇があるなら、日々の食事やタイミング、欲の制御をした方がいい。短期間で綺麗になれるから。

極端に体内コンディションをコントロールしなくてはいけないときには、適切なケミカルに頼るのも手。少量を摂取してスムーズにチカラを借りたあと、徹底的なデトックスをすれば、体はクリアになる。そうやって調整していくのも、素敵な女性を作るための一つの条件だと思う。

ちなみに、ある程度の都市に生きているなら、現代社会への適応策としてプラスαのケミカルは必要。山奥の大自然に住んでいない限り、ナチュラルだけで生き抜くことは難しいかもしれない。

月の満ち欠けに思いを馳せる。

月の満ち欠けを意識したことはある？　ウミガメが満月の日に産卵するように、僕たちもまた月の影響を色濃く受けている。

新月は、磁場が弱まり排出しやすくなるとき。新しいことを始めたり、デトックスをする日としても最適。

満月は、月のエネルギーが最大になるとき。狼男が現れるなんて物語もあるけれど、気分が高揚しがちでイライラしたりも。

今や月の周期をチェックすることは、ちょっとした不調や生活習慣と向き合うための大人の嗜《たしな》みだと思う。だけど、何かにつけて月の満ち欠けのせいにしてしまうのは、明らかに心の弱さで、ちゃんと鍛え直した方がいい。どんなときでもフラットに安定していられるマインドを持ってこそ、余裕のある大人だから。

月のリズムと共鳴すると、本来備わっている心身の健やかさ、美しさを取り戻し、創造力豊かな人生に導かれる。地球や月などすべてのつながりを求める心の声が聞こえたら、美しくなるチャンス。その心の声を聞き取ることは、美しさの極み。

愛でるほどに美人になる。

郵便はがき

1510051

お手数ですが、
切手を
おはりください。

東京都渋谷区千駄ヶ谷 4-9-7

(株) 幻冬舎

書籍編集部宛

ご住所　〒 都・道 府・県	
	フリガナ お名前
メール	
インターネットでも回答を受け付けております https://www.gentosha.co.jp/e/	

裏面のご感想を広告等、書籍の PR に使わせていただく場合がございます

幻冬舎より、著者に関する新しいお知らせ・小社および関連会社、広告主からのご案内を送付することがあります。不要の場合は右の欄にレ印をご記入ください。　不要

本書をお買い上げいただき、誠にありがとうございました。
質問にお答えいただけたら幸いです。

◎ご購入いただいた本のタイトルをご記入ください。

『　　　　　　　　　　　　　　　　　　　　』

★著者へのメッセージ、または本書のご感想をお書きください。

本書をお求めになった動機は？
著者が好きだから　②タイトルにひかれて　③テーマにひかれて
カバーにひかれて　⑤帯のコピーにひかれて　⑥新聞で見て
インターネットで知って　⑧売れてるから／話題だから
役に立ちそうだから

生年月日　西暦　年　月　日（　歳）男・女			
①学生	②教員・研究職	③公務員	④農林漁業
⑤専門・技術職	⑥自由業	⑦自営業	⑧会社役員
⑨会社員	⑩専業主夫・主婦	⑪パート・アルバイト	
⑫無職	⑬その他（　　）		

入いただきました個人情報については、許可なく他の目的で使用すとはありません。ご協力ありがとうございました。

それほど美人じゃないのに、なぜか美しく見える人がいる。彼女たちの共通点は、自分自身を「美しいもの」として迷いなく真っすぐに愛でていること。

といっても、ただの甘ったれや傲慢なワガママとは一線を画すの。ときに、美の追求を忘れるほどに人としての価値をストイックに高めて、ときに、自分をひたすらに可愛がって心をほどいていく。禁じていたことを解禁する日を作ってみたり、心の片隅に隠していた欲望をむき出しにしてみたり。そんな飴と鞭を自らに課せられる心の余裕が、奥行きのあるまぶしいほどの美を開拓している。

美人とは、顔の造形だけでもプロポーションだけでもない。〝存在〟なの。

人生は自分の手で
本当に切り拓いていける。

生きていれば、辛いことが大半。人生の9割は大変なの。リア充なんて言う幸せなときは、たった1割の娯楽程度のこと。

そんな風に思うのは、僕が心に少量の闇を抱えていて、ネガティヴベースのポジティヴ思考だからかもしれない。人生に思い悩んだ時期が長いの。マインドチェンジをゆっくり重ねて、ようやく今にたどり着いた。

知ってる？　人生は自分の手で本当に切り拓《ひら》いていけるということを。考え方も好みも、自分の力でコントロールができるし、自分が思うように歩いていける。人間ってこんなに変われるんだ！　というほどに。

諦めないこと。苦しかった時期の点と点が線でつながって視界が大きく開けるときは、必ずやってくる。

自分のための旅。

僕たちは、どんなに辛く悲しいときでも毎日を生き抜かなければならない。でも、自分を失いかけたときや、リセットしたいとき、仕事とは関係のない旅に年に1度は出かけるといいと思う。リア充アピールでもインスタ映えでもない、自分のためだけの旅を。

ただし、現実逃避を目的にしてはいけない。旅から帰るときには膨大なエネルギーが費やされるし、生まれ変わるほどの劇的な成長をしていなければ、当然、何も状況は変わらない。厳しい現実からはそもそも逃げないこと。直接向き合って、自分のチカラで乗り越えるの。

旅する意味は、〝逃避〟ではなく、心が震え上がるほどの〝感動〟を求めること。旅は間違いなく、日常を素敵に彩ってくれる、と僕は思う。

真のラグジュアリー。

ラグジュアリーとは、豪華なさま、贅沢なさまのこと。一般的には、ハイブランドの宝飾品や、高級な外国車なんかを連想すると思う。

でもね、僕にとっての真のラグジュアリーは、心地よく生きられる場所のこと、心から笑顔になる環境のこと。極論を言えば、自然界が生み出した清らかなままの空気と水に囲まれることなの。

都会に住む人にはなかなか難しいことかもしれないけれど、排気ガスやタバコの煙が気になるなら、リセットすることを意識する。カラダに入れる水は、数ある中からセレクトしていく。そんなことから始めてみて。

人間として絶対に不可欠な〝当たり前〟を上質に極めることこそ、本当の贅沢だと信じてる。たったこれだけで、タフな美しさが芽生えるから。

今を生きる。

輝かしい時代を引きずったまま、延々と昔話を聞かせる人。学生時代はこうだったとか、バブルの時はああだったとか。未来につながらないことに興味はないの。もっと実りのある会話や行動を楽しみましょうよ。今を十分に生きて、今を最大限に謳歌しなくちゃ。

だって、時間はいつだって未来へと向かって進んでいるのに、思考は過去へと遡っていくなんて、とんだアンバランス。人生にだって矛盾が生じるじゃない？

過去に執着しないで。今の自分の環境をちゃんと理解して、身の丈を知って。他人目線の幸せなんてまったく気にしなくていい。今、目の前にあるその幸せを十分にかみしめることよ。

許す。

心の美の偏差値、というものがあるとすると、それは、人を許せるかどうかが大きく関わってくる。

傷つけられたり、陰口を叩かれたり、陰湿な嫌がらせをされても、許せてしまう高尚な人。それは、見て見ぬ振りをすることではない。流すことでもない。正面から受け止めて、それでも許せてしまう器の大きさこそ、女性としての上級者よ。

人を責めたり、威圧してる姿は醜く、必ず周りの人をも疲れさせる。どんな理不尽なことにも、やわらかで優しい対応ができることこそが大人の余裕。引き際って、実はスマートで美しい瞬間だもの。

こんな人は、幸せ感度もかなり高いに違いない。心穏やかに日々を生きるために持つべき、これぞまさに美の資産価値だと思う。

おわりに

僕はヘアメイクという裏方の立場から、様々な人間模様を観察し、沢山の素晴らしい女性たちにインスパイアされてきました。

人生をかけた命がけの仕事に挑む女の強さ。ふとした瞬間に垣間見る女の欲望。恋に夢中だったり、自信を失ったり、溺れたりする女の姿。

目の前で起きるすべての出来事が僕の血となり肉となり知性となり、何一つ無駄なことはなく、人生の色を刻々と染め上げていく日々……。そんな日常で感じていた現代女性の悩みや疑問の中で、雑誌やメディアでは拾いきれないものを集め、そのまま僕の語り口調で回答させていただきました。

〝美容中毒〟というのはメイクやスキンケアなどの美しさを纏う表層的なものだけではなく、それ以前に必要な心のあり方だと僕は考えています。

一人でも多くの女性が輝きますように……。


いつも僕の熱き思いを受け止めてくださる幻冬舎の黒川さん、僕の心の声を理解して頂き、新人の頃から可愛がってくださっているライター西村さん、ストレートに洗練を極め表現してくださるデザイナー山本さん、僕の心そのままに、この一冊を作り上げてくださった事を心から感謝しています。本当にありがとうございました。

小田切ヒロ

ヘア&メイクアップアーティスト。「LA DONNA」所属。資生堂美容技術専門学校卒業後、ヘアサロン勤務、アーティストブランドのビューティアドバイザーを経て、「LA DONNA」に入社。藤原美智子氏に師事し、その美意識やテクニックを学び、独立。高感度なアンテナを常に張り巡らせ、独自の視点でヘア&メイクアップや美容メソッドに昇華。発する言葉は愛とエネルギーに溢れ、多くのハートを鼓舞し続けている。

構成：西村明子
デザイン：山本知香子
編集：黒川美聡（幻冬舎）

美容中毒

2019年1月25日　第1刷発行
2022年8月5日　第2刷発行

著　者　小田切ヒロ
発行者　見城 徹

発行所　株式会社 幻冬舎
〒151-0051　東京都渋谷区千駄ヶ谷4-9-7
電話　03(5411)6211(編集)
03(5411)6222(営業)
公式HP：https://www.gentosha.co.jp/
印刷・製本所　株式会社 光邦

検印廃止

Printed in Japan
ISBN 978-4-344-03416-7　C0095

この本に関するご意見・ご感想は、
下記アンケートフォームからお寄せください。
https://www.gentosha.co.jp/e/